하나님의 사람 제대로 따라잡기 4

KIWY 청소년 성경공부 학생용

FINDING THE PEOPLE OF GOD

좋은씨앗

KIWY 청소년성경공부 학생용 ④ 인물탐구

하나님의 사람 제대로 따라잡기

초판 1쇄 | 2011년 8월 26일
초판 6쇄 | 2020년 12월 23일

지은이 | 이재욱, 문근식, 김용철
일러스트 | 오정희
펴낸이 | 신은철
펴낸곳 | 좋은씨앗
출판등록 | 제4-385호(1999. 12. 21)
주소 | 서울시 서초구 바우뫼로 156(402호)
주문전화 | (02)2057-3041 주문팩스 | (02)2057-3042

홈페이지 | www.gsbooks.org
페이스북 | facebook.com/goodseedbook

ISBN 978-89-5874-172-5 04230
ISBN 978-89-5874-161-9 (세트)

신앙 인격이 형성되는 청소년기는 체계적인 성경 교육이 무엇보다 중요한 시기입니다. 그러나 안타깝게도 현장의 공과 교육은 그야말로 말라죽기 직전의 상황처럼 보입니다. 어떤 특정한 프로그램이나 교재가 이러한 상황을 한 번에 뒤집어놓을 수 있다고 여기는 것은 대단히 어리석은 일일 것입니다. 신앙 교육의 근간은 하나님의 은혜 안에 견고하게 뿌리내린 교육자들입니다. 그래서 하나님께서 교회에 사도와 선지자, 복음 전하는 자, 목사와 교사를 주셨다고 성경은 말합니다(엡 4:11). 그러므로 청소년 목회자와 교사들의 부단한 인내와 인고의 열정이 이 땅의 청소년들을 다시 일으키는 가장 중요한 밑거름이 될 것입니다.

교재는 그들이 손에 쥔 도구입니다. 도구는 얼마나 크고 화려하며 강한 것이냐가 아니라 손에 얼마나 알맞은 것이냐가 중요합니다. 다윗의 손에 잘 맞는 돌멩이 하나가 골리앗을 쓰러뜨리기에 수많은 칼이나 창보다 적합했듯이 말입니다. 〈*KIWY* 청소년 성경공부〉 시리즈는 책상이 아니라 현장에서 나온 교재입니다. 어떻게 하면 하나님의 귀한 말씀을 아이들에게 잘 먹일 수 있을지 오랜 시간 고민한 현장 사역자들의 수고가 담긴 교재입니다. 오랜 시간 동안 장인의 손으로 매만진 도구입니다.

이 교재를 집어든 현장 동역자들이 손에 딱 맞는, 그래서 내 몸의 일부처럼 움직일 수 있는 편안한 도구를 만나는 반가움을 경험할 수 있다면, 저희 집필진들에게 더할 나위 없는 기쁨이 될 것입니다. 부디 여러분과 이 돌멩이가 함께 난공불락처럼 보이는 신앙교육에 대한 여러 도전들을 격파하는 귀한 하나님의 도구가 되기를 간절히 기도합니다.

_ 이재욱 목사

KIWY 청소년 성경공부 목표

- 청소년을 전인적 그리스도인으로 교육하고자 합니다.
- 공과만 충실하게 해도 학습, 세례, 입교 교육이 충분히 될 만큼 교리적, 실천적으로 균형 있는 신앙관을 제공합니다.
- 보다 쉽고 친근하게 주제에 다가갈 수 있도록 구성했습니다.
- 부족한 시간과 시설 때문에 고민하는 현장 교사들의 상황을 고려하며 대안을 제시합니다.

KIWY 청소년 성경공부 구성

본 교재는 교리탐구, 경건생활, 사회생활, 인물탐구 네 분야를 1년 48주에 걸쳐 3년 동안 교육하도록 구성되어 있습니다. 각 권은 12주 과정입니다. 선택적으로 사용할 수 있는 특별과정 교재 1권이 따로 제공됩니다.

- **교리탐구** - 그리스도인이라면 반드시 숙지해야 할 기본교리를 살펴보며 하나님과 나에 대해 알아갑니다.
- **경건생활** - 그리스도인으로서 추구해야 할 경건을 배우고 익히며 실천하도록 독려합니다.
- **사회생활** - 청소년 그리스도인들이 세상에서 부딪히는, 또 앞으로 부딪힐 필수적인 실천 주제들에 대해 성경적인 관점을 확고하게 정립합니다.
- **인물탐구** - 성경의 주요 인물을 성경의 큰 흐름에 따라 살펴보며 하나님이 어떻게 각 사람의 인생에 개입해 큰 그림을 만들어가시는지 배웁니다.
- **특별과정** - 개 교회의 주요 행사 및 절기에 맞는 공과 진행을 돕습니다.

* 자세한 커리큘럼은 www.gsbooks.org를 참고해주세요!

하나! 공과 교재가 쉽다
공과 반은 다양한 수준의 학생들이 모여 있으므로 공과는 누구나 쉽게 접근할 수 있는 것이어야 합니다. 학생 수준에 따른 심화 교육은 리더훈련이나 제자훈련 같은 별도의 양육과정에서 하는 것이 바람직합니다.

둘! 길거나 복잡하지 않다
현장의 공과 환경은 공과를 오래 끌기에 무리가 많습니다. 적어도 30분 안에 끝낼 수 있도록 교재를 쉽고 단순하게 구성했고, 성경 본문을 별도로 찾을 필요가 없도록 문제와 함께 제시합니다.

셋! 다양한 주제들을 다룬다
쉽고 단순해도 청소년 시기에 분명히 다루어야 할 주제들을 교리탐구, 경건생활, 사회생활, 인물탐구 분야별로 풍성하게 다룹니다.

넷! 말씀 중심이다
분명한 말씀 전달 없이 주제 하나 놓고 어영부영 자기 생각만 나누다가 공과를 끝내서는 안 됩니다. 말씀만큼은 주입식 교육이 확실하게 이루어져야 합니다. 믿음은 '들음'에서 오지 '토론'에서 오지 않습니다.

다섯! 주제가 명료하다
귀납식 탐구 학습은 그 나름대로 장점이 있으나 현장의 제한된 환경에서 시행하기에는 다소 무리가 있습니다. 본 교재는 본문에서 얻는 교훈을 단순화해 적어도 한 가지 주제만은 분명하게 기억하도록 돕습니다.

여섯! 구체적인 실천 과제를 제시한다
공과가 생활 속 실천으로 이어지도록 구체적인 과제를 제시하고, 이를 통해 교사가 학생들을 주중에 심방하도록 구성했습니다.

일곱! 시선을 사로잡는다
한 눈에 들어오고 청소년들의 취향에 적합한 디자인이 되도록 노력했고, 학습 의욕을 북돋는 삽화와 만화를 도입부에 수록했습니다.

C.O.N.T.E.N.T.S

session 01_아담과 하와

일그러진 우리의 조상 12

session 02_가인과 아벨

인류 최초의 살인 사건 16

session 03_노아

거룩한 왕따 이야기 22

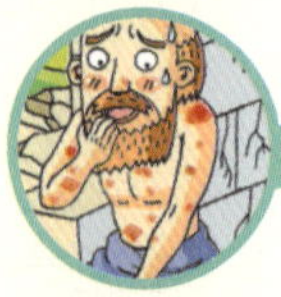

session 04_욥

고통 너머 승리의 노래 28

session 05_아브라함

지워지지 않는 믿음의 발자국 32

session 06_이삭

변하지 않는 약속의 징표 36

session 07_야곱
사기꾼 야곱의 인생 역전기 40

session 08_요셉
철부지에서 존귀한 신앙인으로 44

session 09_모세
마지막에 쓰임 받은 지도자 48

session 10_여호수아
책임질 줄 아는 영웅 52

session 11_갈렙
진정으로 멋진 넘버 투 56

session 12_라합
믿음으로 구원 받은 여인 60

너, 어디까지 가봤니?

연대를 표시하는 B.C.(기원 전)는 Before Christ, 즉 '예수님 오시기 전'이라는 뜻이다. 기원 후를 뜻하는 A.D.는 라틴어 Anno Domini로서 'in the year of our Lord', 즉 예수님 탄생 이후를 의미한다.

인류의 시작 (태초–B.C. 2091)

안타깝게도 인류의 시작은 불순종이라는 죄가 뿌리 내리는 장면에서 비롯된다. 더불어 범죄한 인간을 위한 하나님의 구원 약속, 곧 그리스도에 대한 약속이 주어진다. 인류의 시작, 죄의 시작, 하나님의 구원 계획 시작이 거의 동시에 이루어지고 있다.

아담과 하와 ➔ 가인과 아벨 ➔ 노아의 홍수 ➔ 욥의 시대

민족의 시작 (B.C. 2091–1805)

아브라함을 시작으로 아들 이삭, 손자 야곱, 증손자 요셉까지 네 명의 인물을 다루며 이들을 통해 이스라엘 민족이 형성되는 과정을 살펴본다. 그 가운데서 하나님의 구원 계획이 어떻게 한 사람, 한 가족, 한 민족으로 그 범위가 넓어지며 구체적으로 펼쳐지는지 얘기한다.

아브라함을 부르심 (B.C. 2091) ➔ 이삭의 탄생 (B.C. 2066) ➔ 에서와 야곱의 탄생 (B.C. 2006) ➔ 요셉의 탄생 (B.C. 1915) ➔ 야곱 가족이 이집트로 이주 (B.C. 1876) ➔ 요셉의 죽음 (B.C. 1805)

출애굽과 가나안 정착 (B.C. 1805–1367)

요셉의 시대에 이집트로 이주한 이스라엘은 모세의 시대에 이르러서는 200만 명을 헤아리는 거대 민족으로 성장한다. 어떤 의미에서 이집트는 이스라엘 민족이 안정적인 숫자로 늘어날 수 있었던 모판 구실을 한 셈이다. 이제 충분한 숫자로 성장한 이스라엘을 약속의 땅 가나안으로 이주시키려는 하나님의 계획이 실행된다. 그 과정에서 쓰임 받은 인물들의 면면을 살펴본다.

이스라엘이 이집트의 노예가 됨 (B.C. 1730) ➔ 모세의 탄생 (B.C. 1526) ➔ 이집트 탈출(출애굽)과 불순종으로 광야생활 시작 (B.C. 1446) ➔ 여호수아가 지도자가 되어 가나안 입성[갈렙/라합] (B.C. 1406)

사사의 시대
(B.C. 1367–1150)

옷니엘 ➔ 에훗 / 삼갈 ➔ 드보라 ➔ 기드온 ➔ 돌라 / 야일 ➔ 입다 / 입산 / 엘론 / 압돈 ➔ 삼손

왕의 시대 (B.C. 1050–586)

사울의 등극 (B.C. 1050)
➔ 다윗의 등극 (B.C. 1010)
➔ 솔로몬의 등극 (B.C. 970)
➔ 왕국의 분열 (B.C. 931)
➔ 북이스라엘의 멸망 (B.C. 722)
➔ 남유다의 멸망 (B.C. 586)

포로의 시대 (B.C. 586–)

바벨론 포로시대 (B.C. 586–539) ➔ 페르시아(바사) 포로시대 (B.C. 539–331) ➔ 구약 종결 (B.C. 420년경) ➔ 중간기(헬라 제국–로마 제국 점령) (B.C. 331–) ➔ 예수님의 오심 (B.C. 4년경)

* 참고서적 : 「이스라엘의 역사」(레온우드, 지음, 기독교문서선교회)

[아담과 하와] 아담은 가장 완벽한 창조물이고 하나님이 보고 기뻐하신 인류의 조상. 그러나 하와와 더불어 사탄의 유혹에 넘어가 하나님과의 약속을 깨고 인류 최초의 죄를 저지른다. 이후 모든 인류를 범죄 가운데 머물게 한 장본인이 되고 만다. 그럼에도 하나님은 아담의 후손 중에서 그리스도를 보내주실 것을 약속하고 그리스도를 통한 구원 계획을 펼치기 시작하신다.

[가인과 아벨] 아담과 하와의 두 아들. 가인이 형이고 아벨이 동생이다. 평소 성격이 포악하고 교만한 가인은 하나님이 자기 제사는 안 받고 동생의 제사만 받은 것에 격분해 동생을 끔찍하게 살해하고 만다. 아담으로부터 물려받은 죄성이 더욱 커지고 확산된 결과다. 그럼에도 하나님은 이 사건 이후에 아담과 하와에게 셋이라는 아들을 주셔서 당신의 구원의 계획을 유지해가신다.

[노아] 죄악이 사방으로 퍼지고 넘쳐나 도저히 회복이 불가능한 시대에 노아는 의인이라고 부를 만한 유일한 사람이었다. 온 세상이 물로 심판받기에 앞서 하나님의 명을 받들어 120년 동안 꿋꿋하게 '방주 프로젝트'를 진행시킨 믿음과 뚝심의 할아버지기도 하다. 방주는 심판 받을 세상에서의 구원을 의미한다. 방주를 통해 하나님의 구원 계획은 계속 이어져 간다.

[욥] 고민하고 기도하며 인내하는 자의 대명사. 어느 날 이유를 알 수 없는 극심한 재앙과 고통을 겪는다. 많던 재물도 한순간 사라지고 천재지변으로 자녀들을 잃고 자신도 온몸에 종기가 돋아 고통 당한다. 그에게 아내와 친구들의 모진 말도 괴로움이었지만 무엇보다 큰 고통은 하나님의 침묵이었다. 그러나 끝까지 하나님을 신뢰하고 그 위대함을 찬양함으로써 그분의 임재와 회복을 얻는다.

[아브라함] 하나님의 부르심에 순종해 어디로 갈지 모른 채 조상 대대로 살아온 고향 우르를 떠난다. 이후 수많은 훈련과 연단을 통해 아들까지 하나님께 내드리는 순종의 종결자가 된다. 하나님은 그를 믿음의 조상으로 삼고 이스라엘이라는 하나님의 백성들을 세우기로 작정하신다. '열국의 아비'라는 뜻의 아브라함이라는 이름은 하나님의 구원 계획이 한 사람, 한가족을 넘어 한 민족으로 확대되었음을 보여준다.

[이삭] 아버지 아브라함과 더불어 '순종'의 끝을 보여준다. 어느 날 아버지와 함께 제사를 드리러 길을 나서지만 막상 제물만 준비되지 않은 것을 보고 어렴풋이 아버지의 뜻을 눈치챈다. 그럼에도 반항하지 않고 제물이 될 자신의 운명을 받아들임으로 훗날 인류의 죄를 대속하기 위해 십자가에 달리시는 그리스도의 모습을 미리 보여준다. 하나님은 그의 순종을 보고 아브라함을 통한 구원의 계획을 한번 더 확실하게 약속하신다.

[야곱] 속임수와 불순종의 달인. 장자권과 그에 따른 축복을 가로채기 위해 얕은 꾀로 형과 아버지를 속이지만 결국 도망치는 신세가 되고 자신의 주 특기였던 속임수에 오히려 자신이 넘어가 인생의 쓴맛을 본다. 그러나 그것은 하나님이 그를 훈련시키는 과정이기도 했다. 얍복강가에서 하나님과 한 판 씨름을 벌인 것이 그 절정이었다. 마침내 그의 열두 아들은 이스라엘의 열두 지파가 되어 이스라엘 민족의 초석을 놓는다.

[요셉] 아버지 야곱의 편애를 받으며 형제들의 잘못을 고자질하던 철부지 아들이었다. 형들의 폭풍 시기로 노예로 팔려가는 신세가 되지만 이후 시련과 연단을 통해 하나님의 꿈에 합당한 인물로 성장하고 이집트 총리가 되어 기근에 처한 이스라엘 민족을 구한다. 그럼에도 자기 민족이 하나님의 구별된 백성임을 잊지 않고 자기 유해를 약속의 땅 가나안에서 장사하라는 유언을 남긴다. 이 유언은 수백 년 후 모세의 시대에 이루어진다.

[모세] 이스라엘을 이집트 노예생활에서 끌어낸 위대한 지도자. 어릴 적 나일강에 버려진 그를 이집트 공주가 구해 아들로 키운다. 40대에 동포를 구하려다 이집트인을 살해하고 광야로 도망쳐 40년간 무명의 양치기로 살아간다. 80세에 호렙산에서 극적인 하나님의 부르심을 받은 후 이집트의 파라오에 맞서 출애굽의 역사를 담당하고 시내 산에서 하나님과 이스라엘의 언약을 체결해 하나님의 구원 계획이 계속 이어지도록 한다.

[여호수아] 가나안 땅 정탐 때 정탐꾼에 선발되었고, 갈렙과 함께 하나님의 뜻에 합당한 주장을 하여 훗날 가나안 땅에 들어가는 것을 허락받는다. 모세의 시중을 들다가 그의 승계자로 지명되었고 하나님으로부터 함께하겠다는 약속을 받는다. 이후 가나안 정복을 지휘한다. 임종시 이스라엘 백성들을 세겜에 모으고 성실과 진정으로 하나님을 경외할 것을 당부한다.

[갈렙] 가나안 땅 정탐 후 여호수아와 더불어 유일하게 가나안 정복을 주장해 이집트를 떠난 20세 이상의 자 중에서 그와 여호수아만 약속의 땅에 들어가는 축복을 누린다. 훗날 여호수아가 가나안 땅을 열두 지파에게 나눠줄 때 45년 전 여호와께서 약속하신 헤브론 산지를 달라고 요청한다. 85세의 나이에 헤브론의 거인족을 몰아내고 그 땅을 차지한 불굴의 열정과 투철한 개척정신을 지닌 출애굽 1세대 용사.

[라합] 여리고 성에 살았던 천한 신분의 기생이었다. 이스라엘의 하나님에 대해 잘 알고 있었고 그 때문에 이스라엘을 두려워했다. 어느 날 여리고 성에 침투한 이스라엘의 정탐꾼을 숨겨주고 그녀가 살고 있는 성벽 위 집에 붉은 줄을 걸어놓고 있으면 후에 여리고 성 함락 시 살려주겠다는 약속을 받는다. 목숨을 건 믿음의 선택을 하여 결국 이스라엘의 일원이 되고 훗날 다윗 왕과 예수님의 조상이 되는 복을 누린다.

session **01** _아담과 하와

일그러진 우리의 조상

아담 안에서 모든 사람이 죽은 것같이
그리스도 안에서 모든 사람이 삶을 얻으리라(고전 15:22).

OPEN MIND 오픈마인드

과거의 잘못을 바로잡을 수 있다면 어느 순간으로 돌아가고 싶나요?

OPEN BIBLE 오픈바이블

1. 하나님은 태초에 세상과 인간을 어떻게 만드셨습니까?(창 1:27, 31)

창세기 1:27, 31 [27] 하나님이 자기 형상 곧 하나님의 형상대로 사람을 창조하시되 남자와 여자를 창조하시고 … [31] 하나님이 지으신 그 모든 것을 보시니 보시기에 심히 좋았더라.

2. 하나님이 완벽하게 창조하신 세상에서 인간은 어떤 잘못을 저지릅니까? 그 결과 어떻게 되었습니까?(창 3:17, 19)

창세기 3:17, 19 [17] 내가 네게 먹지 말라 한 나무의 열매를 먹었은즉 땅은 너로 말미암아 저주를 받고 너는 네 평생에 수고하여야 그 소산을 먹으리라 … [19] 너는 흙이니 흙으로 돌아갈 것이니라 하시니라.

3. 반역한 아담과 하와에게 하나님은 어떤 놀라운 약속을 해주십니까?(창 3:15, 고전 15:22)

창세기 3:15 내가 너로 여자와 원수가 되게 하고 네 후손도 여자의 후손과 원수가 되게 하리니 여자의 후손은 네 머리를 상하게 할 것이요 너는 그의 발꿈치를 상하게 할 것이니라.

고린도전서 15:22 아담 안에서 모든 사람이 죽은 것같이 그리스도 안에서 모든 사람이 삶을 얻으리라.

핵심만 콕콕!

아담과 하와는 하나님께서 지으신 최초의 사람이자 온 인류의 조상입니다. 이들은 특별한 피조물이었지만 하나님과 같이 되고 싶은 욕심에 그만 하나님과의 약속을 깨뜨리고 말았습니다. 그 결과 인류에게 죄와 사망이 찾아왔습니다. 그러나 하나님은 구원자 예수 그리스도를 보내주실 것을 약속하셨고 인류는 예수님 안에서 새로운 소망을 갖게 되었습니다.

나눔 인간의 타락은 스스로 하나님이 되려고 했던 교만에서 비롯되었습니다. 나의 성품 중에 창조주 하나님을 인정하고 그분의 뜻을 따라 살아가는 데 가장 방해가 되는 것은 무엇인가요?

실천 나를 만드신 하나님을 인정하고 그 뜻을 따라 살기 위해 내가 할 수 있는 일들을 구체적으로 생각하고 한 주 동안 실천에 옮겨보세요.

서 약 서

나는 창조주 하나님을 인정하고 하나님의 뜻대로 살기 위해 ______________________ 할 것을 (하지 않을 것을) 약속합니다.

______________(사인)

창조주 하나님, 우리와 온 세상을 만드신 하나님을 늘 생각하며 겸손한 마음으로 살아가기 원합니다. 예수님을 더욱 의지하며 주님 뜻대로 살게 해주세요.

session 02_가인과 아벨

인류 최초의 살인 사건

가인같이 하지 말라 그는 악한 자에게 속하여 그 아우를 죽였으니 어떤 이유로
죽였느냐 자기의 행위는 악하고 그의 아우의 행위는 의로움이라(요일 3:12).

OPEN MIND 오픈마인드

누군가가 견딜 수 없을 정도로 미운 적이 있었나요?

1. 하나님께 제사를 드렸지만 거부당한 가인은 동생 아벨에게 무슨 일을 저질렀습니까?(창 4:4-5, 8)

창세기 4:4-5, 8 [4] 아벨은 자기도 양의 첫 새끼와 그 기름으로 드렸더니 여호와께서 아벨과 그의 제물은 받으셨으나 [5] 가인과 그의 제물은 받지 아니하신지라 가인이 몹시 분하여 안색이 변하니 … [8] 그들이 들에 있을 때에 가인이 그의 아우 아벨을 쳐 죽이니라.

2. 가인이 아벨을 죽인 근본 이유는 무엇입니까?(창 4:6-7, 요일 3:12)

창세기 4:6-7 [6] 여호와께서 가인에게 이르시되 네가 분하여 함은 어찌 됨이며 안색이 변함은 어찌 됨이냐 [7] 네가 선을 행하면 어찌 낯을 들지 못하겠느냐 선을 행하지 아니하면 죄가 문에 엎드려 있느니라 죄가 너를 원하나 너는 죄를 다스릴지니라.

요한일서 3:12 가인같이 하지 말라 그는 악한 자에게 속하여 그 아우를 죽였으니 어떤 이유로 죽였느냐 자기의 행위는 악하고 그의 아우의 행위는 의로움이라.

3. 가인이 아벨을 살해한 후 하나님은 어떤 조치를 취하십니까?(창 4:15, 25)

창세기 4:15, 25 15 여호와께서 그에게 이르시되 그렇지 아니하다 가인을 죽이는 자는 벌을 칠 배나 받으리라 하시고 가인에게 표를 주사 그를 만나는 모든 사람에게서 죽임을 면하게 하시니라 … 26 아담이 다시 자기 아내와 동침하매 그가 아들을 낳아 그의 이름을 셋이라 하였으니 이는 하나님이 내게 가인이 죽인 아벨 대신에 다른 씨를 주셨다 함이며.

핵심만 콕콕!

아담으로부터 시작된 죄는 가인의 범죄를 통해 더욱 분명하게 드러나기 시작합니다. 처음에는 사소한 시기심과 분노가 자라나 결국 동생을 쳐 죽이는 큰 죄로 번지고 말았습니다. 하나님은 죄가 더 퍼져나가는 것을 막기 위해 누구도 가인에게 복수하지 못하도록 하셨습니다. 또한 경건한 후손을 주겠다는 약속을 지키기 위해 또 다른 아들 셋을 아담에게 주어 구원 계획을 유지해가십니다.

OPEN LIFE 오픈라이프

나눔 가족이나 친구 등 주변 사람들과 좋은 관계를 유지하기 위해 내 태도 가운데 바꿔야 할 게 있다면 무엇인지 얘기해보세요.

실천 한 주 동안 저녁 때마다 하루를 돌아보면서 내가 언제 자주 화를 내는지 적어보세요. 기도하면서 분노하는 마음을 하나님께 맡기는 기도를 드리세요.

나 이럴 때 정말 화난다!

____

____

____

주님, ________ 때문에 화나는 마음을 주님께 맡겨드립니다. 분노와 미움에 사로잡혀서 죄를 짓지 않도록 말과 생각과 행동을 지켜주세요. 늘 주님의 마음으로 사는 자녀가 되게 해주세요.

성경에 나오지 않은 성경 이야기

가인은 누구의 복수를 두려워한 걸까요?

Q 가인과 아벨이 살던 시절에 가인과 아벨 그리고 아담과 하와 말고 또 누가 살고 있었나요? 가인은 누구의 복수를 두려워한 것인가요?

A 성경에는 아담과 하와의 아들로 가장 먼저 가인이 등장하고, 다음에 아벨 그리고 아담이 130세에 낳은 셋이 나옵니다. 그 뒤 아담은 800년을 더 살며 자녀를 낳았다고 합니다(창 5:4). 당시 사람들은 수명이 길고 가임 기간도 상당히 길었다는 것을 알 수 있습니다. 그러므로 셋이 등장하기 전, 즉 아담이 130세가 되기 전에 아담과 하와에게 가인과 아벨 외 상당수의 자녀들이 있었을 가능성에 대해 생각해볼 수 있습니다. 나중에 셋의 이름만 등장하는 것은 그가 아담의 계보를 잇는 자녀였기 때문입니다.

아담이 가인과 아벨을 낳은 때는 정확히 알 수 없습니다. 셋을 130세에 낳았으므로 다만 그 이전으로 생각해볼 수는 있습니다. 아담과 하와는 성인으로 창조되었기에 즉시 아이를 가질 수 있었을 것입니다. 이들이 언제 에덴에서 쫓겨났는지는 알 수 없으나 에덴에 머물렀던 기간은 매우 짧았을 것입니다. 그 기간이 길었다면 분명 "생육하고 번성하라"는 명령에 따라 바로 아이를 가졌을 테니까요.

이런 전제 하에 아담과 하와가 에덴에서 쫓겨나자마자 가인을 낳았다고 가정하면 그 시기를 대략 창조 후 3년 정도로 생각해볼 수 있습니다. 가인이 아벨을 언제 죽였는지 정확히 알 수는 없지만 셋이 나기 직전, 대략 창조 후 128년경이라고 생각해봅시다. 그러면 아담과 하와가 셋 이전에 약 125년 동안 다른 자녀를 두었다고 추정해볼 수 있습니다. 125년은 자녀들이 또 결혼을 하여 7대는 충분히 내려갔을 시간입니다.

아주 단순하게 산술적으로 계산해서 한 세대가 내려갈 때마다 한 자녀 당 자녀를 네 명씩만 두었다고 가정해도(배우자는 아담의 다른 아들의 계보에서 왔다고 가정함) 그 수는 기하급수로 늘어나 5,000명을 훌쩍 넘깁니다. 실제로는 더 엄청난 수를 상상해볼 수도 있습니다. 가인이 20살 때부터 자녀를 2년에 1명씩만 낳았어도 약 100년 동안 50명은 낳았을 테니까요.

따라서 가인이 살인을 저질렀을 무렵 이 땅에 이미 수천, 수만의 인구가 있었으리라고 상상해볼 수 있습니다. 당시 평균 수명이 800세가 넘는 것을 고려해보면 가인이 앞으로 살아갈 긴 세월 동안 아벨의 후손, 혹은 아벨과 가까웠던 다른 형제들과 후손들의 복수를 두려워한 게 이상한 일도 아닙니다.

session **03** _노아

거룩한 왕따 이야기

믿음으로 노아는 아직 보이지 않는 일에 경고하심을 받아
경외함으로 방주를 준비하여 그 집을 구원하였으니 이로 말미암아
세상을 정죄하고 믿음을 따르는 의의 상속자가 되었느니라(히 11:7).

OPEN MIND 오픈마인드

세상에 나 혼자인 것 같은 외로움을 느꼈던 적이 있나요?

OPEN BIBLE 오픈바이블

1. 노아는 어떤 시대에 살고 있었습니까?(창 6:5)

창세기 6:5 여호와께서 사람의 죄악이 세상에 가득함과 그의 마음으로 생각하는 모든 계획이 항상 악할 뿐임을 보시고,

2. 타락한 시대 속에서 노아는 어떤 사람이었습니까?(창 6:8-9)

창세기 6:8-9 [8] 그러나 노아는 여호와께 은혜를 입었더라 [9] 이것이 노아의 족보니라 노아는 의인이요 당대에 완전한 자라 그는 하나님과 동행하였으며,

3. 하나님은 세상을 심판하기 전에 노아에게 어떤 명령을 내리십니까?(창 6:14, 18-21)

창세기 6:14, 18-21 [14] 너는 고페르 나무로 너를 위하여 방주를 만들되… [18] 그러나 너와는 내가
내 언약을 세우리니 너는 네 아들들과 네 아내와 네 며느리들과 함께 그 방주로 들어가고 [19] 혈
육 있는 모든 생물을 너는 각기 암수 한 쌍씩 방주로 이끌어 들여 너와 함께 생명을 보존하게
하되… [20] 모든 것이 그 종류대로 각기 둘씩 네게로 나아오리니 그 생명을 보존하게 하라 [21] 너는
먹을 모든 양식을 네게로 가져다가 저축하라 이것이 너와 그들의 먹을 것이 되리라.

핵심만 콕콕!

노아와 방주는 심판받을 세상에서 구원 받음을 뜻합니다. 노아의 시대에는 죄악이 구석구석 퍼져 회복이 불가능한 정도였습니다. 결국 세상은 하나님의 심판을 피할 수 없게 되었습니다. 그러나 하나님은 의인 노아를 택해 방주를 짓게 하시고, 노아와 그 가족들을 살려서 구원 계획을 이어 가십니다.

OPEN LIFE 오픈라이프

나눔 믿음의 길은 때로 외로운 길이기도 합니다. 예수님을 믿는다는 이유로 까닭 없이 비난받거나 어려움을 겪은 적이 있다면 얘기해보세요.

실천 사람들이 귀 기울이지 않아도 세상 속에서 하나님의 뜻을 전하는 것이 우리 신앙인의 본분입니다. 이번 주에는 방주를 준비하는 노아의 심정으로 친구들을 어떻게 전도할지 생각하고 실천에 옮겨보세요.

전도할 친구들

____

____

____

→

어떻게 전도할까?

세상 사람 모두가 하나님을 믿지 않고 조롱해도 노아처럼 이 시대의 의인이 되어 하나님의 약속을 믿으며 용기 있게 전도할 수 있도록 도와주세요.

성경에 나오지 않은 성경 이야기

방주가 얼마나 크고 튼튼했길래~

Q 세상에 동물이 얼마나 많은데 그 모든 종류가 다 노아의 방주에 들어갈 수 있었을까요? 노아 식구 8명이 그 동물들을 다 어떻게 보살폈을까요?

A 노아의 방주는 실물이 발견되지는 않았지만 성경에 그 규격이 비교적 자세히 기록되어 대략적인 모습을 재현할 수 있습니다. 방주는 길이가 300규빗(약 137m), 넓이가 50규빗(약 23m), 높이가 30규빗(약 13m)으로 직육면체에 가까운 형태였습니다. 오늘날 날렵하게 생긴 선박들에 비해 속도를 낼 이유가 없었기 때문에 볼품은 없었을 것입니다. 방주는 풍랑이 이는 바다 위에 1년간 떠다녀야 했으므로 안정성이 가장 중요했습니다.

놀랍게도 성경에서 언급한 방주의 길이, 넓이, 높이의 비율은 배가 엔진을 끈 채 풍랑이 이는 바다 위에 떠 있을 때 가장 빨리 안정을 되찾을 수 있는 비율임이 현대과학으로 증명되었습니다. 한 연구 결과에 따르면 현대의 여객선을 기준으로 비교해볼 때 노아의 방주는 30m의 파고에서도 안전하다고 합니다. 미국의 전함 설계 전문가인 디키라는 사람은 노아의 방주 크기 비율대로 'The USS 오레곤'(The USS Oregon)이라는 전함을 설계했는데, 이 배는 미국 전함 중 엔진을 끈 채 풍랑이 이는 바다 위에서 버틸 수 있는 가장 안정된 배라고 합니다.

한편 방주의 용량과 관련해서는 다음과 같은 설명이 가능합니다. 노아의 방주는 요즘 배의 톤수로 따지자면 약 15,000톤 정도로서 적재 화물의 양은 화물열차 522량에 실을 수 있는 수준에 이른다고 합니다. 이것은 동물

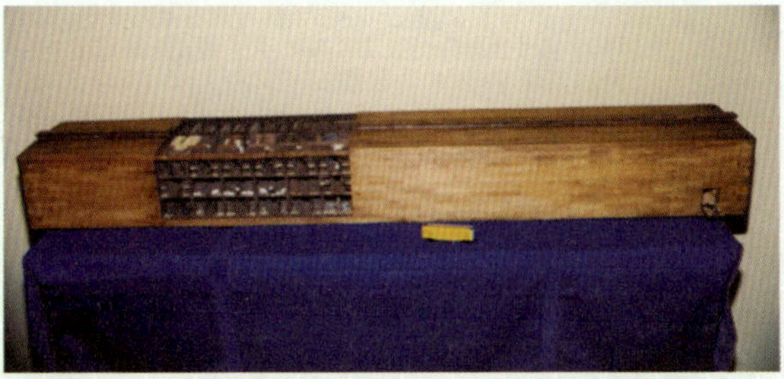

성경에 나타난 방주의 규모를 기초로 만든 방주 모형. 현존하는 코로 숨쉬는 모든 동물들을 다 싣고도 남는 충분한 크기였다.

노아의 방주와 같은 스케일로 설계되었다는 미국 전함 'USS 오레곤'의 모습(1980년 건조, 1924년 퇴역).

들의 평균 크기를 양(羊) 정도로 계산할 때 현존하는 동물의 3배(약 12만 마리) 이상을 실을 수 있는 크기입니다.

"8명의 노아 식구가 그 많은 동물들에게 어떻게 매일 먹이를 줄 수 있었으며 배설물을 치울 수 있었을까?"라는 질문에 대해서는 '동면'으로 간단히 설명할 수 있습니다. 이제까지는 뱀이나 개구리 등 몇몇 종류의 동물들만 동면을 하는 것으로 알려져 왔으나 최근의 연구 결과에 의하면 거의 모든 동물들이 어느 정도 이하로 기온이 하강하고 대기 중의 산소의 함량이 어느 정도 이하로 떨어지면 동면을 한다고 밝혀졌습니다.

참고 자료 : 「창조론 탐구학습」(양승훈 원저, 장슬기 외 편저, 좋은씨앗)

session **04**_욥

고통 너머 승리의 노래

보라 인내하는 자를 우리가 복되다 하나니
너희가 욥의 인내를 들었고 주께서 주신 결말을 보았거니와
주는 가장 자비하시고 긍휼히 여기시는 이시니라(약 5:11).

OPEN MIND 오픈마인드

아무런 이유도 모른 채 힘든 일을 겪은 적이 있었나요?

OPEN BIBLE 오픈바이블

1. 욥은 어떤 일을 겪었습니까?(욥 1:8, 2:13)

욥기 1:8 여호와께서 사탄에게 이르시되 네가 내 종 욥을 주의하여 보았느냐 그와 같이 온전하고 정직하여 하나님을 경외하며 악에서 떠난 자는 세상에 없느니라.

욥기 2:13 밤낮 칠 일 동안 그와 함께 땅에 앉았으나 욥의 고통이 심함을 보므로 그에게 한마디도 말하는 자가 없었더라.

2. 엄청난 불행과 고통 속에서 욥은 뭐라고 탄식합니까?(욥 23:8-9)

욥기 23:8-9 8 그런데 내가 앞으로 가도 그가 아니 계시고 뒤로 가도 보이지 아니하며 9 그가 왼쪽에서 일하시나 내가 만날 수 없고 그가 오른쪽으로 돌이키시나 뵈올 수 없구나.

3. 고통 중에도 하나님을 신뢰하고 인정한 욥은 결국 어떻게 되었습니까?(욥 42:5, 10)

① 영적 회복 ______________________________

욥기 42:5 내가 주께 대하여 귀로 듣기만 하였사오나 이제는 눈으로 주를 뵈옵나이다.

② 물질적 회복 ______________________________

욥기 42:10 여호와께서 욥의 곤경을 돌이키시고 여호와께서 욥에게 이전 모든 소유보다 갑절이나 주신지라.

핵심만 콕콕!

욥이 까닭 모를 불행과 고통을 겪듯이 우리도 세상을 살면서 이유를 알지 못할 많은 어려움과 아픔을 겪을 수 있습니다. 예수님을 따라 좁은 길을 걸어가야 하는 성도들은 더욱 그렇습니다. 분명한 것은 우리가 인내하며 하나님께 나아갈 때 하나님께서 모든 것을 깨닫게 하시고 회복시켜주신다는 것입니다.

OPEN LIFE 오픈라이프

나눔 성도의 가장 중요한 덕목 중 하나는 어떤 경우에도 하나님을 신뢰하며 기다리고 인내하는 것입니다. 지금 내가 가장 인내하며 하나님을 기다려야 할 일은 무엇인지 얘기해보세요.

실천 기도란 본질적으로 하나님을 신뢰하며 결과를 맡겨 드리는 것입니다. 어려운 일 앞에서 염려하거나 낙담하기 전에 먼저 기도하며 하나님을 찾아야 합니다. 한 주 동안 '즉시 기도'를 실천할 때마다 각 칸에 실천한 날짜를 표시해보세요.

〈이번 주 말씀〉

아무것도 염려하지 말고 다만 모든 일에 기도와 간구로, 너희 구할 것을 감사함으로 하나님께 아뢰라(빌 4:6).

1	2	3	4	5
6	7	8	9	10
11	12	13	14	15

가족과 친구들, 재산과 건강마저 잃어버렸지만 끝까지 인내한 욥처럼 어떤 상황 속에서도 하나님을 신뢰하며 신앙을 지킬 수 있게 도와주세요.

session **05**_아브라함

지워지지 않는 믿음의 발자국

믿음으로 아브라함은 부르심을 받았을 때에 순종하여
장래의 유업으로 받을 땅에 나아갈새 갈 바를 알지 못하고 나아갔으며(히 11:8).

OPEN MIND 오픈마인드

낯선 곳에 갔다가 길을 잃어서 당황했던 적이 있나요?

OPEN BIBLE 오픈바이블

1. 하나님은 아브람에게 어떤 명령을 내리십니까?(창 12:1)

창세기 12:1 여호와께서 아브람에게 이르시되 너는 너의 고향과 친척과 아버지의 집을 떠나 내가 네게 보여줄 땅으로 가라.

2. 말씀에 순종하는 아브람에게 하나님은 어떤 약속을 주십니까?(창 12:2-3, 17:5)

창세기 12:2-3 [2] 내가 너로 큰 민족을 이루고 네게 복을 주어 네 이름을 창대하게 하리니 너는 복이 될지라 [3] 너를 축복하는 자에게는 내가 복을 내리고 너를 저주하는 자에게는 내가 저주하리니 땅의 모든 족속이 너로 말미암아 복을 얻을 것이라 하신지라.

창세기 17:5 이제 후로는 네 이름을 아브람이라 하지 아니하고 아브라함이라 하리니 이는 내가 너를 여러 민족의 아버지가 되게 함이니라.

3. 아브라함에게 이런 일이 일어날 수 있었던 이유는 무엇입니까?(롬 4:3)

로마서 4:3 성경이 무엇을 말하느냐 아브라함이 하나님을 믿으매 그것이 그에게 의로 여겨진 바 되었느니라.

핵심만 콕콕!

아브라함의 생애를 가장 잘 표현하는 단어는 '순종' 입니다. 하나님의 부르심을 받고 길을 나선 후 그는 수많은 훈련과 연단을 통해 아들을 드리기까지 하나님께 순종합니다. 하나님은 이런 아브라함을 믿음의 조상으로 삼으시고 이스라엘이라는 하나님의 백성들을 세우기로 작정하십니다. 오늘날 예수님을 믿어 구원 받은 신자들은 모두 아브라함의 영적 후손이라고 할 수 있습니다.

OPEN LIFE 오픈라이프

나눔 믿음은 우리 삶을 송두리채 바꿔놓습니다. 하나님을 믿기 전과 후 나의 생각이나 말, 행동 등은 어떻게 달라졌는지 얘기해보세요.

실천 말씀을 따라 믿음으로 떠났던 아브라함처럼 나도 믿음으로 결단하고 떠나야 할 삶의 모습이 있나요? 아주 작은 일이라도 상관없습니다. 세 가지만 적어보고 결단 후 실천해보세요.

나의 이런 모습 꼭 떨쳐내고 말 테다!

____

____

____

아브라함처럼 믿음으로 결단하고 하나님의 약속을 바라보고 싶습니다. 저를 통해 친구들이 예수님을 구주로 알고 만나는 복을 누릴 수 있게 해주세요.

session **06** _이삭

변하지 않는 약속의 징표

우리 조상 아브라함이 그 아들 이삭을 제단에 바칠 때에
행함으로 의롭다 하심을 받은 것이 아니냐(약 2:21).

OPEN MIND 오픈마인드

이삭과 아브라함 이야기를 영화로 만든다면 어떤 제목이 어울릴까요?

1. 이삭은 어떻게 태어나게 되었습니까?(창 17:17, 19, 21:15)

창세기 17:17, 19 [17] 아브라함이 엎드려 웃으며 마음속으로 이르되 백 세 된 사람이 어찌 자식을 낳을까 사라는 구십 세니 어찌 출산하리요 하고 … [19] 하나님이 이르시되 아니라 네 아내 사라가 네게 아들을 낳으리니 너는 그 이름을 이삭이라 하라 내가 그와 내 언약을 세우리니 그의 후손에게 영원한 언약이 되리라.

창세기 21:15 아브라함이 그의 아들 이삭이 그에게 태어날 때에 백 세라.

2. 놀랍게도 하나님은 아브라함에게 이삭을 제물로 바치라고 명령하십니다. 그리고 아브라함은 순종합니다. 그가 이 말씀에 순종할 수 있었던 이유는 무엇입니까?(창 22:1-2, 히 11:19)

창세기 22:1-2 [1] 그 일 후에 하나님이 아브라함을 시험하시려고 그를 부르시되 아브라함아 하시니 그가 이르되 내가 여기 있나이다 [2] 여호와께서 이르시되 네 아들 네 사랑하는 독자 이삭을 데리고 모리아 땅으로 가서 내가 네게 일러준 한 산 거기서 그를 번제로 드리라.

히브리서 11:19 그가 하나님이 능히 이삭을 죽은 자 가운데서 다시 살리실 줄로 생각한지라 비유컨대 그를 죽은 자 가운데서 도로 받은 것이니라.

3. 성경은 이삭을 통해 성도란 누구인지 설명해주고 있습니다. 성도란 어떤 사람입니까?(롬 9:7-8, 갈 4:28)

로마서 9:7-8 [7] 또한 아브라함의 씨가 다 그의 자녀가 아니라 오직 이삭으로부터 난 자라야 네 씨라 불리리라 하셨으니 [8] 곧 육신의 자녀가 하나님의 자녀가 아니요 오직 약속의 자녀가 씨로 여기심을 받느니라.

갈라디아서 4:28 형제들아 너희는 이삭과 같이 약속의 자녀라.

핵심만 콕콕!

이삭은 하나님의 약속으로 태어난 자녀입니다. 우리 그리스도인도 이삭과 마찬가지로 하나님의 약속인 예수 그리스도를 믿어 영적으로 새롭게 태어난 하나님의 자녀들입니다. 이삭은 어린 나이에 자신이 제물이 되는 일에조차 순종해 훗날 그리스도가 이 땅에서 하실 일을 미리 보여줍니다. 하나님은 그의 순종을 보고 아브라함을 통한 구원 계획을 더욱 확실하게 약속하십니다.

OPEN LIFE 오픈라이프

나눔 하나님의 약속이신 예수 그리스도를 믿나요? 예수 그리스도 안에 죄 사함과 영생이 있다는 사실을 믿나요? 그렇다면 혹은 그렇지 않다면 그 이유도 얘기해보세요.

실천 하나님은 약속을 하면 반드시 이루시는 신실한 분입니다. 약속의 하나님을 기억하고 묵상하기 위해 자기 자신과 한 가지 약속을 하고 그 약속을 지키기 위해 애써보세요.

나 자신과 약속합니다!

____

____

____

하나님께서 예수님을 통해 하신 구원의 약속을 온전히 믿습니다. 믿음으로 새로 태어난 하나님의 자녀답게 살아갈 수 있게 도와주세요.

session **07**_야곱

사기꾼 야곱의 인생 역전기

그가 이르되 네 이름을 다시는 야곱이라 부를 것이 아니요 이스라엘이라 부를 것이니
이는 네가 하나님과 및 사람들과 겨루어 이겼음이니라 (창 32:28).

OPEN MIND 오픈마인드

호되게 혼나거나 힘든 일을 겪고 나서야 비로소 자신의 잘못을 깨달은 적이 있나요?

OPEN BIBLE 오픈바이블

1. 속임수로 유명했던 야곱은 형과 아버지를 어떻게 속였습니까?(창 25:31-33, 27:22-23)

① 형 ______________________________

창세기 25:31-33 [31] 야곱이 이르되 형의 장자의 명분을 오늘 내게 팔라 [32] 에서가 이르되 내가 죽게 되었으니 이 장자의 명분이 내게 무엇이 유익하리요 [33] 야곱이 이르되 오늘 내게 맹세하라 에서가 맹세하고 장자의 명분을 야곱에게 판지라.

② 아버지 ______________________________

창세기 27:22-23 [22] 야곱이 그 아버지 이삭에게 가까이 가니 이삭이 만지며 이르되 음성은 야곱의 음성이나 손은 에서의 손이로다 하며 [23] 그의 손이 형 에서의 손과 같이 털이 있으므로 분별하지 못하고 축복하였더라.

2. 속임수를 쓴 야곱은 나중에 어떤 대가를 치르게 됩니까?(창 29:25)

창세기 29:25 야곱이 아침에 보니 레아라 라반에게 이르되 외삼촌이 어찌하여 내게 이같이 행하셨나이까 내가 라헬을 위하여 외삼촌을 섬기지 아니하였나이까 외삼촌이 나를 속이심은 어찌 됨이니이까.

3. 외삼촌의 집을 나와 고향으로 돌아가는 길에서 고통에 빠져 있던 야곱에게 하나님은 새롭게 살라고 말씀하며 어떤 새로운 이름을 주십니까?(창 32:28)

창세기 32:28 그가 이르되 네 이름을 다시는 야곱이라 부를 것이 아니요 이스라엘이라 부를 것이니 이는 네가 하나님과 및 사람들과 겨루어 이겼음이니라.

핵심만 콕콕!

야곱은 원래 속임수를 잘 썼지만 하나님은 그를 훈련시키셨고 결국 그는 아브라함과 이삭의 뒤를 이어 믿음의 조상이 되는 영광을 얻었습니다. 우리 신자들도 연약하여 실수할 때가 많지만 그럼에도 하나님은 당신의 백성들을 포기하지 않고 마침내 구원의 계획을 이루어가십니다.

OPEN LIFE 오픈라이프

나눔 잘못된 방법으로 자신이 원하는 것을 이루려 했던 적이 있다면 얘기해보세요.

실천 보다 더 성실하고 올바른 하나님의 사람으로 서기 위해 고쳐야 할 나의 잘못된 태도나 습관, 성격은 무엇인가요? 그런 모습을 극복하기 위해 어떻게 할지 적어보세요.

잘못된 태도나 습관, 성격	어떻게 고칠까?
1	
2	
3	

욕심 때문에 잘못된 길을 선택하지 않게 해주세요. 언제나 하나님 보시기에 아름답고 정직한 인생이 되게 도와주세요.

session **08** _요셉

철부지에서 굳건한 신앙인으로

믿음으로 요셉은 임종시에 이스라엘 자손들이 떠날 것을 말하고
또 자기 뼈를 위하여 명하였으며(히 11:22).

OPEN MIND 오픈마인드

어릴 적 멋진 꿈을 꾸었어. 날 싫어하던 형들에게 눈치 없이 꿈 자랑한 게 실수였을까? 그래도 어떻게 노예상인에게 날 팔아버릴 수 있지? 부잣집 귀공자에서 졸지에 애굽의 노예 신세가 되다니. 하지만 하나님 앞에선 부끄럽지 않게 살기로 작정했어. 그게 날 지켜주는 힘이니까. 그래, 보디발 부인의 유혹을 뿌리치길 잘했어. 그 때문에 누명을 쓰고 감옥에 갇히게 되었지만 말이야.

지금까지 살아오면서 가장 고생스러웠던 적은 언제인가요?

OPEN BIBLE 오픈바이블

1. 요셉은 형들의 시기를 받아 노예로 팔려가 갖은 시련을 겪으면서 어떤 결단을 합니까?(창 39:9)

창세기 39:9 이 집에는 나보다 큰 이가 없으며 주인이 아무것도 내게 금하지 아니하였어도 금한 것은 당신뿐이니 당신은 그의 아내임이라 그런즉 내가 어찌 이 큰 악을 행하여 하나님께 죄를 지으리이까.

2. 요셉은 하나님의 특별한 섭리에 의해 왕의 꿈풀이를 잘해준 덕분에 죄수에서 이집트의 총리로 신분이 상승했습니다. 총리가 된 요셉은 어떤 일을 했습니까?(창 41:25-31, 56-57)

창세기 41:25-31 [25] 요셉이 바로에게 아뢰되 바로의 꿈은 하나라 하나님이 그가 하실 일을 바로
에게 보이심이니이다 [26] 일곱 좋은 암소는 일곱 해요 일곱 좋은 이삭도 일곱 해니 그 꿈은 하나
라 [27] 그 후에 올라온 파리하고 흉한 일곱 소는 칠 년이요 동풍에 말라 속이 빈 일곱 이삭도 일곱
해 흉년이니 [28] 내가 바로에게 이르기를 하나님이 그가 하실 일을 바로에게 보이신다 함이 이것
이라 [29] 온 애굽 땅에 일곱 해 큰 풍년이 있겠고 [30] 후에 일곱 해 흉년이 들므로 애굽 땅에 있던
풍년을 다 잊어버리게 되고 이 땅이 그 기근으로 망하리니 [31] 후에 든 그 흉년이 너무 심하므로
이전 풍년을 이 땅에서 기억하지 못하게 되리이다.

창세기 41:56-57 [56] 온 지면에 기근이 있으매 요셉이 모든 창고를 열고 애굽 백성에게 팔새 애굽
땅에 기근이 심하며 [57] 각국 백성도 양식을 사려고 애굽으로 들어와 요셉에게 이르렀으니 기근이
온 세상에 심함이었더라.

3. 요셉이 수많은 시련에도 불구하고 귀한 인생으로 설 수 있었던 이유는 무엇입니까?(창 39:2, 50:20-21)

창세기 39:2 여호와께서 요셉과 함께하시므로 그가 형통한 자가 되어,

창세기 50:20-21 [20] 당신들은 나를 해하려 하였으나 하나님은 그것을 선으로 바꾸사 오늘과 같이 많은 백성의 생명을 구원하게 하시려 하셨나니 [21] 당신들은 두려워하지 마소서 내가 당신들과 당신들의 자녀를 기르리이다.

핵심만 콕콕!

요셉의 인생은 연약한 한 사람이 강한 믿음의 용사로 서기까지, 철부지 아들이 온 세상을 섬기는 사명자가 되기까지의 과정을 분명하게 보여줍니다. 하나님은 시련을 통해 사명자를 세우시며 사명자를 통해 자신의 꿈을 이루시는 분입니다.

OPEN LIFE 오픈라이프

나눔 1 꼭 이루고 싶은 꿈이 있나요? 그 꿈을 꾸게 된 이유를 얘기해보세요.

나눔 2 하나님의 섭리를 따라 한 나라나 많은 사람들의 길을 결정할 수 있는 지도자가 된다면 당장 무슨 일부터 하고 싶은지 상상해보세요.

실천 현재가 없는 미래는 없습니다. 내가 하나님의 사람으로 쓰임 받기 위해 오늘 어떤 일에 힘써야 할까요? 구체적으로 적고 실천해보세요.

____

____

____

언제나 제 곁에 함께하시는 하나님, 요셉처럼 하나님과 동행하며, 순종하고, 하나님께서 이루실 미래의 일을 기대하는 삶이 되게 해주세요.

session 09 _모세

마지막에 쓰임 받은 지도자

믿음으로 모세는 장성하여… 그리스도를 위하여 받는 수모를 애굽의 모든 보화보다 더 큰 재물로 여겼으니 이는 상 주심을 바라봄이라(히 11:24-26).

OPEN MIND 오픈마인드

이젠 너무 늦어버렸다고 낙심했던 일이 있나요?

1. 모세는 언제, 어디서 하나님의 부르심을 받습니까?(출 3:1-2)

출애굽기 3:1-2 [1] 모세가 그의 장인 미디안 제사장 이드로의 양 떼를 치더니 그 떼를 광야 서쪽
으로 인도하여 하나님의 산 호렙에 이르매 [2] 여호와의 사자가 떨기나무 가운데로부터 나오는 불
꽃 안에서 그에게 나타나시니라.

2. 하나님의 부르심을 따라 이스라엘 백성을 이집트에서 이끌어내려 하던 모세는 큰 어려움에 부딪힙니다. 누가 그를 방해했으며 그것을 어떻게 이겨냈습니까?(출 7:4-5)

출애굽기 7:4-5 [4] 바로가 너희의 말을 듣지 아니할 터인즉 내가 내 손을 애굽에 뻗쳐 여러 큰 심
판을 내리고 내 군대, 내 백성 이스라엘 자손을 그 땅에서 인도하여 낼지라 [5] 내가 내 손을 애굽
위에 펴서 이스라엘 자손을 그 땅에서 인도하여 낼 때에야 애굽 사람이 나를 여호와인 줄 알리
라 하시매.

3. 이집트를 탈출한 모세는 광야에서 하나님께 매우 중요한 약속을 받습니다. 어떤 약속입니까?(출 19:5-6)

출애굽기 19:5-6 5 세계가 다 내게 속하였나니 너희가 내 말을 잘 듣고 내 언약을 지키면 너희는 모든 민족 중에서 내 소유가 되겠고 너희가 내게 대하여 제사장 나라가 되며 거룩한 백성이 되리라 너는 이 말을 이스라엘 자손에게 전할지니라.

핵심만 콕콕!

모세의 인생에서 가장 중요한 것은 출애굽과 시내산 언약 사건입니다. 모세는 인생이 끝났다고 생각되는 때에 하나님의 부르심을 받아 출애굽을 이끌었고, 하나님과 이스라엘 백성 사이에 선 중재자가 되었습니다. 구원의 중재자가 되신 예수님이 떠오르는 대목입니다. 출애굽은 신자의 구원을, 시내산의 언약은 하나님의 자녀로 확증됨을 상징합니다.

OPEN LIFE 오픈라이프

나눔 어떤 일이든 하나님께서 포기하시기 전에는 끝난 것이 아닙니다. 꼭 이루고 싶었지만 상황이나 능력에 맞지 않다고 생각해서 포기한 꿈이 있다면 얘기해보세요.

실천 모세는 자신이 능력 있다고 여겼던 이집트의 왕자 시절에는 실패했지만 희망 없던 양치기 시절, 그것도 80세가 된 노년에 오히려 귀하게 쓰임 받았습니다. 능력보다 중요한 것이 하나님의 인도하심과 도우심입니다. 이번 주간에 해야 할 일들을 요일별로 적어보고 그 일을 시작하기 전에 하나님의 도우심을 구하는 기도를 드려보세요.

	내 가 할 일	기도했나요?
일		YES / No
월		YES / No
화		YES / No
수		YES / No
목		YES / No
금		YES / No
토		YES / No

너무 늦어버린 것 같았던 모세의 인생도 다시 세우신 하나님! 저도 하나님을 의지하며 어떤 순간에도 낙심치 않고 하나님의 인도하심과 도우심을 구하겠습니다.

session **10**_여호수아

책임질 줄 아는 영웅

이스라엘이 여호수아가 사는 날 동안과 여호수아 뒤에 생존한 장로들 곧 여호와께서 이스라엘을 위하여 행하신 모든 일을 아는 자들이 사는 날 동안 여호와를 섬겼더라(수 24:31).

OPEN MIND 오픈마인드

세상에 나만큼 부담스런 사람이 또 있을까? 나는 위대한 지도자였던 모세의 뒤를 이을 사람이야. 모세는 하나님과 직접 대화도 나누었던 영웅인데, 내가 그 뒤를 어떻게 잇는단 말인가? 비호감 지도자로 전락하고 안티 팬만 늘어날 것 같아. 모두들 걱정스러운 표정들이군.

나보다 훨씬 뛰어난 사람과 비교되어 힘든 적이 있었나요?

1. 이스라엘 백성들은 약속의 땅 가나안 바로 앞까지 도달했지만 건장한 가나안 백성들을 보고 두려움에 떨며 하나님을 원망했습니다. 여호수아는 그 백성들에게 뭐라고 외쳤습니까?(민 14:9)

민수기 14:9 다만 여호와를 거역하지는 말라 또 그 땅 백성을 두려워하지 말라 그들은 우리의 먹이라 그들의 보호자는 그들에게서 떠났고 여호와는 우리와 함께하시느니라.

2. 여호수아는 모세의 뒤를 이어 이스라엘의 지도자가 됩니다. 지도자가 된 여호수아는 어떤 일을 했습니까?(수 11:15)

여호수아서 11:15 여호와께서 그의 종 모세에게 명령하신 것을 모세는 여호수아에게 명령하였고 여호수아는 그대로 행하여 여호와께서 모세에게 명하신 모든 것을 하나도 행하지 아니한 것이 없었더라.

3. 노년의 여호수아는 백성들에게 어떤 일을 하라고 권면합니까?(수 24:15)

여호수아서 24:15 만일 여호와를 섬기는 것이 너희에게 좋지 않게 보이거든 … 너희가 섬길 자를 오늘 택하라 오직 나와 내 집은 여호와를 섬기겠노라.

핵심만 콕콕!

여호수아는 모세의 뒤를 이은 후계자였습니다. 매우 부담스런 자리였지만 그는 자신에게 주어진 중요한 일을 훌륭히 해냈습니다. 그것은 좁게는 가나안 정복 전쟁이었고, 넓게는 이스라엘 백성을 하나님의 백성답게 살게 하는 일이었습니다. 모세가 하나님의 법을 전해준 사람이라면 여호수아는 그 법대로 살게 한 인물입니다.

OPEN LIFE 오픈라이프

나눔 누군가의 뒤를 이어 책임을 맡아야 할 일이 있다면 얘기해보세요(자녀로서, 학교 후배로서, 교회 임원으로서…).

예) 자녀로서 : 여태껏 부모님이 내 방을 청소해주셨지만 이제부터는 내가 스스로 해야 할 일이라고 생각한다.

실천 여호수아는 신앙 공동체를 위해 책임을 다하며 살았습니다. 우리가 속해 있는 신앙 공동체는 가정, 교회, 학교 기독 동아리 등 다양하지만 그중에서도 교회에서 내가 책임지고 맡을 일에 무엇이 있을지 적고 실천해봅시다. 아주 작은 일, 사소한 일이라도 괜찮습니다.

교회에서 내가 해야 할 일, 할 수 있는 일

____

____

____

____

하나님, 책임을 다하며 주변 사람들을 섬기는 여호수아 같은 인물이 되고 싶습니다. 어두운 밤에 많은 사람들의 길을 비춰주는 등대 같은 사람이 되게 도와주세요.

session **11** _갈렙

진정으로 멋진 넘버 투

그날에 여호와께서 말씀하신 이 산지를 지금 내게 주소서 … 여호와께서 나와 함께하시면 내가 여호와께서 말씀하신 대로 그들을 쫓아내리이다(수 14:12).

OPEN MIND 오픈마인드

함께 노력했지만 같이 일했던 다른 사람만 상을 받거나 칭찬을 들었던 경험이 있나요? 그때 마음이 어땠나요?

OPEN BIBLE 오픈바이블

1. 갈렙은 어떤 평가를 받는 사람이었습니까?(민 32:12)

민수기 32:12 그러나 그나스 사람 여분네의 아들 갈렙과 눈의 아들 여호수아는 여호와를 온전히 따랐느니라.

2. 청년 시절 여호수아와 함께 가나안을 정탐하고 돌아온 갈렙은 두려움에 빠져 있던 이스라엘에게 뭐라고 외칩니까?(민 13:30)

민수기 13:30 갈렙이 모세 앞에서 백성을 조용하게 하고 이르되 우리가 곧 올라가서 그 땅을 취하자 능히 이기리라 하나.

3. 가나안 땅에서 이스라엘은 각 지파별로 살 땅을 나누게 됩니다. 그 때 갈렙은 여호수아에게 전혀 예상 밖의 요구를 합니다. 어떤 요구였습니까?(수 14:12)

여호수아서 14:12 그날에 여호와께서 말씀하신 이 산지를 지금 내게 주소서 당신도 그날에 들으셨거니와 그곳에는 아낙 사람이 있고 그 성읍들은 크고 견고할지라도 여호와께서 나와 함께하시면 내가 여호와께서 말씀하신 대로 그들을 쫓아내리이다 하니.

핵심만 콕콕!

갈렙은 사람들의 인정보다 하나님의 뜻을 따르고 섬기는 사람이었습니다. 하나님께서 모세의 후계자로 여호수아를 세우신 것을 세기하지 않고 진심으로 여호수아를 돕습니다. 약속의 땅 가나안에 들어가서는 원로로서 가장 좋은 땅을 요구할 수 있었음에도 그렇게 하지 않고 가장 힘든 땅을 스스로 택해 자신이 속한 언약 공동체를 섬기고자 했습니다. 갈렙은 1인자 이상으로 빛나는 2인자였습니다.

OPEN LIFE 오픈라이프

나눔 갈렙과 같이 눈에 잘 띄지 않는 곳에서 묵묵히 수고하는 사람이 주변에 누가 있는지 생각해보고 그 고마움에 대해 얘기해보세요.

실천 가족, 교회와 학교의 친구, 선생님 등 함께 생활하는 사람들을 뒤에서 돕기 위해 내가 할 수 있는 구체적인 일 세 가지를 적고 한 주 동안 실천해보세요.

갈렙의 아름다운 섬김을 배우게 해주셔서 감사합니다. 저의 유익만을 위해 욕심 부리지 않고 하나님나라를 위해 살아갈 수 있게 해주세요.

session **12**_라합

믿음으로 구원 받은 여인

믿음으로 기생 라합은 정탐꾼을 평안히 영접하였으므로
순종하지 아니한 자와 함께 멸망하지 아니하였도다(히 11:31).

OPEN MIND 오픈마인드

결단하기 어려웠지만 막상 하고 나니 잘했다고 생각된 일이 있나요?

1. 라합은 왜 정탐꾼을 숨겨주었습니까?(수 2:9, 11-12)

여호수아서 2:9, 11-12 [9] 말하되 여호와께서 이 땅을 너희에게 주신 줄을 내가 아노라 우리가 너희를 심히 두려워하고 이 땅 주민들이 다 너희 앞에서 간담이 녹나니… [11] 우리가 듣자 곧 마음이 녹았고 너희로 말미암아 사람이 정신을 잃었나니 너희의 하나님 여호와는 위로는 하늘에서도 아래로는 땅에서도 하나님이시니라 [12] 그러므로 이제 청하노니 내가 너희를 선대하였은즉 너희도 내 아버지의 집을 선대하도록 여호와로 내게 맹세하고 내게 증표를 내라.

2. 라합의 믿음의 행위에 정탐꾼들은 어떤 약속을 합니까?(수 2:18-19)

여호수아서 2:18-19 [18] 우리가 이 땅에 들어올 때에 우리를 달아 내린 창문에 이 붉은 줄을 매고 네 부모와 형제와 네 아버지의 가족을 다 네 집에 모으라… [19] 누구든지 너와 함께 집에 있는 자에게 손을 대면 그의 피는 우리의 머리로 돌아오려니와.

3. 믿음으로 순종한 라합은 나중에 어떻게 됩니까?(마 1:5-6)

마태복음 1:5-6 5 살몬은 라합에게서 보아스를 낳고 보아스는 룻에게서 오벳을 낳고 오벳은 6 이새를 낳고 이새는 다윗 왕을 낳으니라.

핵심만 콕콕!

라합은 믿음으로 구원을 얻은 대표적 인물입니다. 이스라엘의 가나안 입성은 구속사적으로 신자가 천국에 들어가는 것을 상징합니다. 라합 사건은 '믿음으로 구원을 얻는다'는 메시지를 주고 있기 때문에 구속사적으로 매우 중요한 의미를 갖습니다. 우리는 모두 라합처럼 혈통이 아니라 믿음으로 구원받은 사람들입니다.

OPEN LIFE 오픈라이프

나눔 라합이 이방의 기생에서 이스라엘 왕의 조상이 된 것은 정말 놀라운 일입니다. 이것은 믿음만으로 가능한 일입니다. 우리가 구원받는 것도 믿음만으로 가능한 일입니다. 오늘 내게 이런 놀라운 구원에 대한 감사가 있나요? 그렇다면 혹은 그렇지 않다면 그 이유를 얘기해보세요.

실천 놀라운 구원하심에 대한 우리의 반응은 찬양과 감사여야 합니다. 특별히 구원받은 하나님의 자녀들에게 감사하는 삶은 매우 중요합니다. 감사한 일인데도 미처 감사하지 못하고 지나쳤던 일들은 없는지 돌아보고 적어보세요.

일상의 작은 일들 속에서 감사한 일 찾아내기

____

____

____

예) 아침에 눈을 떠 물 한 잔을 상쾌하게 들이킬 수 있음에 감사, 아슬아슬하게 학교에 지각하지 않은 것 감사, 지각해서 벌을 섬으로 나의 게으름에 경고를 받게 된 것 감사, 친구가 빵 사준 것 감사.

라합처럼 자격 없는 우리에게 큰 구원의 은혜를 베푸신 하나님! 감사드립니다. 늘 감사하는 삶을 살게 도와주세요.

다세연

다음세대를 섬기는 사람들의 연대(이하 다.세.연)는 다음세대가 하나님께서 주신 은사와 재능을 가지고 하나님의 부르심에 응답하며 행복한 삶을 살 수 있도록 섬기는 사람들의 연대 기구다.
2005년 결성된 이후로 서울 강남 지역의 중고등학교 캠퍼스 사역에 집중해오던 다.세.연.은 하나님의 섬세한 계획 가운데 김용재 목사(前 NECTAR 대표 간사, 前 소망교회 청소년 팀장), 김정윤 목사(사랑의교회 청소년부서 디렉터), 김종설 목사(영동교회 청소년 팀장), 이재욱 목사를 비롯한 여러 청소년 사역 현장 전문가들이 한뜻을 모으게 되면서 사역의 방향을 새롭게 전환하고 제2의 창립을 시도하게 되었다.
이제 다.세.연.은 특정지역과 대상에 국한되어 있는 사역의 한계를 넘어 전국 각지의 청소년 사역자, 교회 그리고 사역단체들과 힘을 합하여 상대적으로 소외된 지역의 청소년 사역이 건강하게 이루어질 수 있도록 섬기고자 작은 발걸음을 내딛고 있다.

■ 주 집필

이재욱 목사
청소년 사역자로서 쌓아온 십수 년 간의 현장 경험과 사역단체와 기관을 넘나드는 다양한 경력은 그의 저서와 강연이 많은 현장 사역자들의 공감을 얻는 이유다. 주님의교회 교육목사, 서대문교회 교육총괄목사를 거쳐 청소년 전문사역단체인 브리지임팩트사역원(BIM)의 창립 멤버로 BIM 캠프와 탱크 청소년사역자학교, 전국청소년사역자 워크숍 등을 기획하고 진행했으며, BIM의 협력사역자이자 예장합동 총회교육개발원 집필위원으로 다수의 교육 자료 및 공과 집필에 참여했다. 현재 서울 대방중앙교회 담임목사로 섬기며 말씀에 철저히 헌신하는 공동체, 다음세대에 깊은 관심을 가진 공동체를 꿈꾸고 있다. 유스코스타(Youth KOSTA) 강사이며 저서로 「중고등부, 2년 안에 성장할 수 있다」, 「교사를 다시 일으켜 세우는 5가지 힘」(이하 좋은씨앗)이 있다. cteen@hanmail.net

■ 객원 집필

문근식 목사
총신대학교 신학과(B.A), 총신대학교 신학대학원(M.div.)을 졸업했고 국내와 호주를 넘나들며 15년 가까이 청소년들을 지도해왔다. 브리지임팩트사역원(BIM) 교재개발팀장으로, 예장합동 청소년 계절공과 집필위원으로도 활동했다. 현재 성서교회 청소년부 담당목사로 다음세대를 향한 사역에 매진하고 있다.

김용철 목사
장로회신학대학교 신학대학원(M.div.)과 연세대학교 교육대학원(M.A.)을 졸업했다. 주님의교회와 꿈꾸는교회를 거쳐 현재 신당중앙교회 중고등교육팀을 이끌며 사역하고 있다.